OBSERVATIONS

A L'OCCASION

DU BUDGET DE 1837,

ET DE L'INDICATION

DE LA CONVERSION DES RENTES CINQ POUR CENT,

Présentés à la chambre des Députés,

LE 14 JANVIER DERNIER,

PAR M. HUMANN, MINISTRE DES FINANCES.

Assurément rien ne serait plus simple, et nous dirons même plus parlementaire, que de voir M. le ministre des finances, surtout s'il en avait la conviction, dire aux députés de la France :

« Messieurs, nous avons l'honneur de vous sou-
« mettre un budget normal ; les finances de notre
« pays sont dans un état satisfaisant et prospère. Le
« budget de 1837 présentera un excédant de re-
« cettes de 2,433,600 fr. sur les dépenses que nous
« avons à vous proposer, et même le budget de la
« guerre, tel qu'il vous est soumis, a cet important
« avantage, qu'il comprend tous les besoins prévus,
« et qu'à moins d'évènemens graves, nous n'avons
« pas à craindre d'en voir grossir le chiffre par des
« crédits additionnels et supplémentaires. »

Mais ce qui n'est pas aussi simple, aussi constitutionnel, ou, pour mieux dire, ce qui démontre un
manque de bonne foi ou de capacité de la part de
M. Humann, c'est lorsqu'il vient dire à la tribune
de la France que nous avons un budget normal,
quand il devrait savoir qu'il n'y a de budget normal
que celui qui peut se vérifier, se justifier et se con-
trôler, et que le budget général de l'état, ni les budgets particuliers qui le composent, ne sont passibles
d'aucun de ces examens.

Ce qui n'est pas plus constitutionnel, ajouterons-
nous, c'est de voir M. Humann venir affirmer que les
finances de notre pays sont dans un état satisfaisant
et prospère, quand nos routes, nos églises, nos écoles
et jusqu'à nos fontaines, sont pour la plupart dans
un état misérable et repoussant, et que, pour com-
bler des déficits, on a été obligé de vendre une partie des forêts nationales, d'augmenter la masse de
nos rentes d'un capital de 800,000,000, et qu'enfin,
pour essayer d'arriver à produire un système de conversion, M. Humann, dirons-nous encore, a fait du
ministère des finances, dans le but d'élever le prix
des fonds, un véritable bureau d'agiotage, en dispo-
sant arbitrairement de la dette flottante, de la
caisse des dépôts et consignations, des caisses d'é-
pargne, des fonds de la banque de France et des
capitaux d'amortissement, ou, en moins de mots,
en appliquant tous ces capitaux à acheter des
rentes.

Enfin, ce qui ne démontre pas moins le degré de
capacité de M. Humann, c'est quand il vient nous

dire que les prévisions du budget pour 1837 ne peuvent pas être dépassées, parce que le budget de la guerre, tel qu'il est soumis aux chambres, a cet important avantage qu'il comprend tous les besoins prévus. Mais, si M. Humann avait été réellement ministre des finances ou, en d'autres termes, le contrôleur-général des dépenses de l'état, comment ignorerait-il que le budget du ministère de la guerre n'est plus qu'un budget fictif, par l'impossibilité où il est de pouvoir remplir les conditions qui lui seraient imposées pour la protection de notre territoire. Par exemple, comment M. Humann ne sait-il pas que, sur cinq cent soixante mille hommes que doit donner le mode de recrutement qui a lieu depuis le 21 mars 1832, notre organisation régimentaire, déduction faite de l'armée de l'intérieur, ne peut encadrer que deux cent quatre-vingt-dix-neuf mille vingt-un hommes sur le pied de guerre, et cent soixante-six mille soixante hommes sur le pied de paix, et qu'avec ces effectifs et les réductions que le service militaire exige, il n'est plus possible, sur le pied de paix, d'instruire des caporaux, des sergens et des officiers, quels que soient d'ailleurs l'emploi ou le grade de ces derniers, ou de faire une campagne sérieuse ; si l'on retranche de ces deux cent quatre-vingt-dix-neuf mille vingt-un hommes, soixante-quinze mille hommes de réserve pour remplir les cadres, et vingt-cinq mille pour le service des places, quand bien même on se servirait de deux tiers de gardes nationaux. Et cependant c'est encore M. Humann qui vient, à la suite de si tristes faits, présenter le remboursement, ou plutôt la conversion des cinq pour cent, sans se soucier de savoir jusqu'à quel point il va jeter de perturbation dans l'avenir de la France et de misère dans sa capitale; et, puisque nous sommes conduits à examiner cette haute question, avant de dire comme le *Journal des Débats* (bien que sur cette mesure nous soyons entièrement de son avis), que venir proposer de réduire l'intérêt des porteurs de rentes par une conversion, c'est soulever une question immorale et impolitique, nous allons essayer de porter notre examen sur les points généraux qu'elle renferme.

Depuis dix années et plus, on parle du remboursement de la rente cinq pour cent, et conséquemment de toutes celles qui viendraient à dépasser le taux de cent francs, c'est-à-dire que le gouvernement aurait la faculté, ou d'imposer aux porteurs de rentes cinq pour cent l'obligation de recevoir le remboursement de leur capital, ou de les faire consentir à toucher un intérêt moins élevé que celui qui leur est dû réellement par le trésor.

Si cet exposé établit clairement les faits que nous nous sommes proposé d'examiner, la question se réduirait donc à savoir :

1° Si le gouvernement a eu le droit de changer le titre de rente perpétuelle pour lui substituer celui de rentes cinq pour cent;

2° S'il a aujourd'hui les capitaux nécessaires pour effectuer ce remboursement;

3° Si le fonds d'amortissement n'est pas pour les rentes créées le seul mode légal de remboursement;

4° Et enfin, si **M. Humann** est entré dans toutes les considérations qui devaient résulter de cette conversion ; en d'autres termes, s'il s'est bien rendu compte de tous les inconvéniens qu'elle doit amener pour les rentiers comme pour les propriétaires, inconvéniens que nous ne réduirons pas à n'être qu'immoraux et de pure forme politique, mais subversifs de l'ordre social, dans un gouvernement démocratique de la nature toute particulière et peut-être unique de celui que les circonstances nous ont imposé.

Et d'abord, en ce qui concerne le titre primitif, le gouvernement avait-il le droit de lui faire subir une altération sans avoir eu au préalable le consentement des créanciers, surtout lorsqu'il leur avait déjà fait éprouver, du moins à une grande partie, indépendamment de la perte de leurs intérêts, une banqueroute des deux tiers de leurs capitaux, et n'est-ce pas déjà un manque de mémoire ou de convenance de la part de **M. Humann** que de venir dire que, lorsque le trésor, *avec son crédit douteux*, livrait les rentes à 52 francs, les rentiers s'étaient assez enrichis, et qu'ensuite il demande si enfin le tour des contribuables ne devait jamais venir ? Mais, au lieu de nous arrêter à une semblable déclamation, pour ne rien dire de plus, nous en appellerons, non aux premières règles de l'équité, mais à celles de la plus sévère justice, et nous demanderons aux pouvoirs législatifs s'ils peuvent croire qu'en légalisant une nouvelle banqueroute, ils obtiendront une sanction de l'opinion consciencieuse et éclairée ? Pour nous, nous croyons fermement qu'ils se tromperaient, parce que l'histoire

flétrit, en caractères indestructibles, de pareils at-
tentats contre la bonne foi, comme on peut le voir
dans les documens de 1600, de 1700, de 1770 sous
l'abbé Terray, et en 1797 sous le directoire.

En ce qui est relatif aux capitaux nécessaires pour
le remboursement, non de 132,000,000 de rentes,
comme le dit M. Humann, mais de 166,778,934 (1),
savoir :

1° Pour les rentes cinq pour cent.   147,253,434 f.

2° Pour celles quatre et demi pour
cent également remboursables. . .   1,026,600

3° Pour celles quatre pour cent
également remboursables. . . .   8,390,900

4° Et enfin pour les intérêts des
primes et amortissemens des emprunts qui, d'après l'opinion de
M. Humann, ne seraient pas davantage susceptibles de recevoir un inté-
rêt de cinq pour cent, ci.   10,108,000

Total égal.   166,778,934 f.

A ce sujet, nous commencerons par demander à
M. Humann s'il a bien lu les articles 1235 et suivans
du Code civil, s'appliquant au mode de paiement en
général, et alors comment il se pourrait qu'il n'y eût
pas vu (art. 1237) que *l'obligation de faire* ne peut être
acquittée par un tiers contre le gré du créancier,
lorsque ce dernier a intérêt qu'*elle soit remplie par le*

(1) On n'a pas compris dans cette énumération la réduction
du fonds d'amortissement de 44,723,838 fr., parce qu'elle sera
nécessairement placée pour ordre dans l'assiette de l'impôt.

débiteur lui-même; parce que nécessairement il en serait résulté pour M. Humann, comme pour nous, cette solution, que le gouvernement n'ayant pas et ne pouvant avoir à sa disposition les 3,334,000,000 qui lui seraient nécessaires pour pouvoir effectuer le remboursement que nous combattons, le gouvernement, ou plutôt M. Humann, n'était plus fondé, financièrement et légalement, à défendre des actes immoraux ou des utopies de la nature de celles qu'il avait émises le 26 janvier dernier dans un des bureaux de la chambre.

Nous n'ignorons pas cependant le droit que tout débiteur a de se libérer; mais nous savons aussi que lorsque le débiteur a stipulé par un contrat, et à plus forte raison par une loi, les conditions de son emprunt, le débiteur, quelqu'il soit, gouvernement ou particulier, est lié par son contrat, parce que la loi et l'ordre l'ont voulu ainsi, et ce qu'ils ont également voulu dans l'intérêt de la société comme dans celui de la morale, c'est que la loi ne pût avoir d'effet rétroactif. Et cependant, c'est un homme grave, un homme qui a rempli les fonctions de ministre, qui remplit encore celles de député, qui vient proposer de violer les lois. Si elles ont été violées en 1797 sous le directoire, elles n'ont pu l'être en 1824 sous le ministère Villèle.

Propriétaires de terres ou de rentes, si la proposition qui vient d'être faite à la chambre des députés est accueillie par tous les pouvoirs de l'état, vous pouvez juger de l'avenir de la France et de la sécurité de vos fortunes, lorsqu'ils seront dirigés par des hommes de cette capacité ou de cette bonne foi.

Si nous passons maintenant à la troisième partie de la question, c'est-à-dire, à celle de savoir si le fonds d'amortissement n'est pas pour les rentes créées le seul mode légal de leur remboursement, il nous suffirait, pour la résoudre, de rapporter les discussions des chambres ainsi que les mémoires et les écrits qui ont eu lieu snr cette matière, soit en Angleterre, soit en France; et ensuite, pour *n'avoir aucune conclusion*, d'en appeler à ce qui se passe aujourd'hui en Angleterre, et conséquemment, de pouvoir établir que chaque époque, comme chaque circonstance, a présenté des erremens différens; en d'autres termes, qu'il n'y a jamais eu que de faux calculs ou très-peu de bonne foi.

En effet, comment les emprunts se sont-ils faits en France depuis le rétablissement du crédit, ou plutôt depuis que les capitalistes non-spéculateurs ont pu croire que les engagemens qu'ils contractaient seraient respectés? Depuis, disons-nous, qu'ils ont considéré que les gouvernemens représentatifs étaient des gouvernemens consciencieux. Eh bien! faut-il déjà que nous regardions cette pensée comme une erreur, et que nous disions comme le Grand-Frédéric :

« Que comme, parmi les hommes, on est convenu
« que de duper son semblable était une action cri-
« minelle, on avait été obligé de chercher un autre
« terme qui adoucît la chose, et que c'était le mot
« de *politique* que l'on avait choisi; et *infaillible-*
« *ment*, ajoute-t-il, ce mot n'avait été choisi qu'en

« faveur des gouvernemens, parce que décemment
« on ne pouvait les traiter de coquins et de frip-
« pons. »

Alors la question change et devient évidemment
plus grave, puisqu'elle nous conduit droit à l'arbi-
traire ou au despotisme légal, et qui pis est, à l'im-
moralité ; c'est-à-dire, à nous voir, propriétaires ou
rentiers, dépouillés du fruit de notre travail, mais
seulement avec la faveur de ne l'être, par les gouvernemens timides, que les uns après les autres. Toute-
fois, avant d'ajouter à cette cruelle pensée toutes les
tristes impressions qu'elle nous donne, nous voulons
encore examiner si, parmi les moyens légaux, il n'en
est pas un qui puisse satisfaire, d'abord les cœurs
nobles et élevés, et ensuite les *hommes politiques.*

M. le duc de Gaëte, que nous nous plaisons à citer
parmi les hommes consciéncieux, s'exprimait ainsi
en 1833 : « L'amortissement rétabli en 1816, comme
« un élément de crédit dans lequel des circonstances
« impérieuses nous forçaient d'entrer, est aujour-
« d'hui accusé par une partie de ceux qui l'avaient
« dans l'origine le plus énergiquement défendu ; on
« semble ne plus voir en lui qu'un instrument de
« ruine, et sa suppression paraîtrait un bienfait.

« On cite l'Angleterre, mais est-ce donc, ajoute-
« t-il, l'amortissement qui a ruiné ses finances, et
« n'est-ce pas d'abord, avant tout, l'abus des em-
« prunts, puis la violation du principe fondamental
« qui veut que *le paiement des intéréts* et *l'amortis-*
« *sement* reposent sur *un excédent de revenus ordi-*
« *naires*, au-delà des autres dépenses annuelles; et

« n'est-ce pas à cette double cause, et surtout à la
« première, qu'il faut attribuer l'accumulation suc-
« cessive de la masse énorme d'intérêts sous le poids
« desquels ce pays succombe; malgré, dirons nous,
« les réductions d'intérêts, ou en d'autres termes,
« les banqueroutes réitérées qu'on lui a fait subir?»

D'après cet exposé, nous dirons d'abord, que s'il
est incontestable qu'entre deux hommes d'une fortune
réputée égale, celui qui aurait des dettes serait évidemment le moins riche, et que l'on nous fasse ob-
server que, pour des états, cette supposition est susceptible de se modifier ou de s'agrandir, nous dirons
qu'il n'en est point ainsi de la considération, et nous
ajouterons même qu'elle est plus nécessaire encore
aux gouvernemens qu'aux particuliers, parce que si
ces derniers peuvent vivre à l'abri des lois qui protè-
gent la faiblesse, les gouvernemens qui pourraient consentir à en faire l'essai, seraient bientôt taxés de vertige.

Et cependant c'est ce que M. Humann ne craint
pas de nous proposer, et que même il voudrait obtenir des pouvoirs législatifs, après les contradictions
manifestes qui existent entre ses budgets et ses rap-
ports.

Pour nous, dans la situation où nous nous trouvons, la question nous paraîtrait plus simple, plus
morale et conséquemment d'une exécution beaucoup
plus facile si elle ressortissait de l'examen des trois
questions suivantes :

La première serait celle de savoir si la France, pour
son agriculture, son industrie, l'accroissement de son
commerce, et aussi pour obtenir un plus grand dé-

veloppement de crédit, a besoin d'une dette constituée ;

La deuxième, si le chiffre de cette *dette constituée*
doit être déterminé, et s'il est ensuite susceptible
d'être modifié, soit par un fonds d'amortissement,
soit par un remboursement ;

La troisième, si les moyens de modifications doivent être clairs et légaux, et s'ils peuvent alors dé-
pendre d'une loi qui serait établie sur des principes
de rétroactivité.

Sur la question de savoir si la France doit avoir
une dette constituée, notre conviction pour l'affir-
mative est sur ce point pleine et entière, parce que
nous pensons que si cette dette est utile à notre
crédit, à nos transactions et à toutes les modifications que subit notre existence, elle n'est pas moins
indispensable au perfectionnement de notre agriculture, au développement de notre industrie et à l'accroissement de notre commerce ; conditions sans
lesquelles une population qui s'augmente ne peut
vivre sans être menacée de désordres violens ou révolutionnaires.

Si nous passons à l'examen de la seconde partie de
la question, c'est-à-dire à celle qui aurait pour but
de déterminer le chiffre de cette dette, et les
moyens qui lui seraient applicables soit pour la modifier, soit pour la rembourser ou l'anéantir, nous dirons d'abord, en ce qui concerne le chiffre ou le mon-
tant de cette dette, que si nous ne considérions que
les accroissemens de la richesse industrielle, nous
penserions que 200,000,000 de rentes, ou 4,000,000,000

de valeur, ajoutés à notre numéraire et au crédit des négocians, sont suffisans; mais que, si nous examinions l'état arriéré de notre agriculture, la mauvaise construction de nos routes, leur médiocre entretien, et surtout le peu de ressources de nos communes, eu égard à leurs besoins, qu'alors la question change puisqu'il s'agit de rechercher si cet état de stagnation dans notre agriculture et dans le manque de ressources de nos communes, vient *de la dette constituée* ou *des dépenses du gouvernement*. A ce sujet nous n'hésitons pas à dire que toutes les plaies de la France, que toutes les secousses qu'elle a ressenties, que toutes les révolutions qu'elle a éprouvées et qu'elle subirait encore, ne peuvent être attribuées qu'aux dépenses exagérées de ses gouvernemens, ce qu'il nous sera toujours *facile de prouver avec un budget normal*, puisque son examen nous conduirait à diminuer en moins de dix années les dépenses actuelles de l'état, *de 150 millions par an;* mais comme cet examen ne contiendrait point encore tout ce que renferme la question que nous venons de présenter, c'est-à-dire celle qui se rattache au fonds d'amortissement et au remboursement intégral, pour les fonds qui sont censés avoir dépassé le pair, nous allons essayer de présenter la solution de cette utile question.

Et d'abord existe-t-il un moyen légal de pouvoir emprunter sans déterminer en même temps les conditions de sa libération, et pour y échapper, d'autres expédiens pour les gouvernemens constitutionnels que des lois rétroactives, et pour les gouvernemens absolus que des actes arbitraires ou despotiques ? Mais comme il serait en même temps déraisonnable de soutenir que les états doivent périr parce qu'ils ont été mal gouvernés, il faut bien, dirons-nous aussi, chercher un moyen pour sortir de l'embarras dans lequel nous nous trouvons, et, par la raison que nous sommes loin de jamais accuser les peuples de leurs révolutions, puisque nous croyons qu'elles sont du fait des gouvernemens, loin de nous aussi la pensée qu'on doive les faire souffrir davantage parce qu'ils auraient été mal administrés.

Ainsi, en définitive, sur l'ensemble de cette question nous proposerions de déclarer par une loi :

1° Qu'aucune dette n'est remboursable qu'après avoir stipulé le mode de remboursement ;

2° Que si les gouvernemens ont eu le tort de n'être point assez explicites dans leurs engagemens, la loi qui devra être faite dans le délai d'un an, devra contenir toutes les obligations inhérentes à cette matière;

3° Qu'en ce qui concerne le 246,006,330 fr. de la dette consolidée et de l'amortissement, tous les fonds au-dessus du pair seront privés d'amortissement, et que s'ils se soutenaient dans cette position pendant vingt ans, l'intérêt dont ils jouissent serait réduit d'un p. o/o;

4° Que si ces fonds (ceux au-dessus du pair) tombaient au-dessous de 100 fr., le gouvernement pourrait les racheter, mais seulement avec des excédens de recettes, soumis, pour l'emploi, à la discussion d'une loi;

5° Que les 5/6 de la dette flottante seront convertis immédiatement en trois p. o/o avec un amortissement d'un p. o/o ;

6° Qu'il sera établi pour la session de 1837 un budget normal, c'est-à-dire un budget divisé en dépenses *annuelles* et *temporaires*, et chaque dépense établie par chapitres, sections et articles, avec des états détaillés à l'appui, de manière à ce que le contrôle de la demande comme celui de la dépense puissent être faits simultanément;

7° Que le ministre des finances reçût le titre de contrôleur-général des dépenses de l'état, afin de n'en admettre aucune qu'il ne puisse justifier devant les chambres;

8° Que le ministre contrôleur-général des dépenses ne puisse, par des ordonnances royales, changer aucune des dispositions de la loi sans être mis immédiatement en accusation.

Si enfin nous examinons la question de savoir si M. Humann est entré dans toutes les considérations qui doivent résulter du mode de remboursement ou de conversion qu'il propose, dans un gouvernement démocratique, avons-nous dit, de la nature toute particulière et peut-être unique de celui que les circonstances nous ont imposé, nous demanderons d'abord à M. Humann s'il s'est bien rendu compte de la cause des crises révolutionnaires qui fatiguent notre pays depuis un demi-siècle; s'il a bien considéré le principe des transitions qui existe entre deux pouvoirs, dont l'un lutte pour exister, et l'autre détruit en combattant; et s'il

n'a point été frappé, pour un gouvernement, disons-
nous, de la nature de celui qui nous régit, que de
pousser encore au nivellement des fortunes, à la dés-
affection de tout pouvoir, à l'impossibilité de croire
à un engagement sérieux entre le gouvernement et
les citoyens, ce n'était point comme une nouvelle ré-
volution qui, pour être moins terrible dans ses cruau-
tés que celle de 1793, n'en serait pas moins funeste
à la France, puisqu'elle la conduirait, selon nous, à
n'avoir plus à choisir qu'entre le *despotisme* ou *l'in-
vasion*. Nous demanderons encore à M. Humann s'il
s'est suffisamment appesanti sur la question de savoir
quel serait l'avenir d'un peuple qui n'aurait plus
d'autre existence que l'industrie manufacturière ou
mercantile ; et enfin si M. Humann a pensé que notre
puissance militaire ne pouvait plus avoir besoin d'ê-
tre établie pour des guerres continentales.

Ainsi, comme on le voit, ce n'est pas seulement
une question qui aurait pour but d'abaisser l'intérêt
des rentes d'un pour cent que M. Humann est venu
agiter : c'est un système politique tout entier qu'il
est venu proposer, sur une base aussi immorale que
fragile, car il faut bien que M. Humann le sache, ce
ne sont plus des lois de la nature de celles qui nous
régissent qui nous conviendraient, bien qu'assurément nous ne soyons pas de ceux qui en désirent la
continuation ; mais ce que nous voulons c'est une
transition progressive dans nos mœurs comme dans
nos lois, qui nous conduise sûrement à la conquête
de nos libertés, c'est-à-dire à l'administration de nos

communes, et successivement à la destruction du monopole exercé par le gouvernement.

Ici se terminent ces observations, toutes réduites qu'elles sont, eu égard au sujet qu'elles embrassent, parce que nous avons l'espérance que les chambres ne regarderont pas la question qui leur est soumise par M. Humann comme une simple question financière, *mais qu'elles la considéreront* comme une transformation immédiate et complète de tous les principes qui nous ont régis jusqu'à ce jour, et cela sans transition préparatoire.

Le lieutenant-général comte DE GIRARDIN.

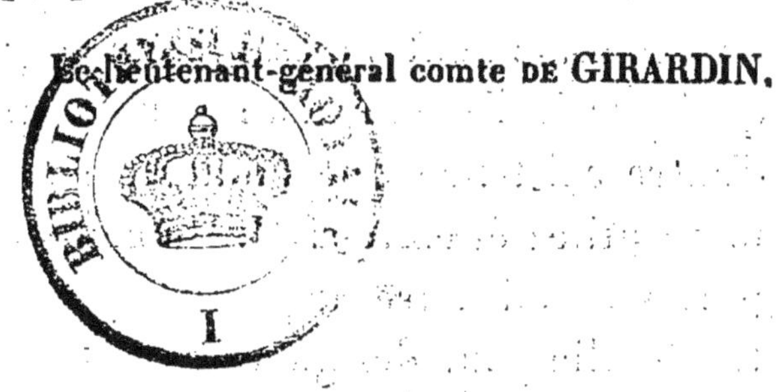

PARIS.—IMPRIMERIE DE DEZAUCHE,
RUE DU FAUBOURG-MONTMARTRE, N° 11.